ईट सो व्हॉट!

स्वस्थ रहने के स्मार्ट तरीके

बीमारी मुक्त स्वस्थ जीवन के लिए शाकाहारियों के लिए पोषण आहार गाइड (मिनी संस्करण)

वॉल्यूम 2

ला फॉनसिएर

अनुक्रम

1

10 वजह क्यों आपको हर दिन बादाम खाना चाहिए

10 वजह क्यों आपको हर दिन बादाम खाना चाहिए

बादाम मेवो में सबसे स्वास्थ्यप्रद हैं। प्राकृतिक, अनसाल्टेड बादाम एक पौष्टिक स्नैक है, जिसमें प्रचुर मात्रा में स्वास्थ्य लाभ वाले खनिज होते हैं। दिन में सिर्फ एक मुट्ठी बादाम (10-15 बादाम) दिल की सेहत, त्वचा और बालों के स्वास्थ्य को बढ़ावा देने और वजन बढ़ने से रोकने में मदद करता है, और यह अल्जाइमर और डायबिटीज जैसी बीमारियों से लड़ने में भी मदद करता है।

बादाम के प्रकार:

कड़वा: ये बादाम तेल बनाने के लिए उपयोग किया जाता है, जिसके कई फायदे हैं।

मीठा: मीठे बादाम खाने में उपयोग किया जाते हैं।

नीचे 10 वजह दिए है की क्यों आपको हर दिन बादाम खाना चाहिए:

1. बादाम से त्वचा के स्वास्थ्य में सुधार होता है

अगर आप चमकदार और स्वस्थ त्वचा चाहते हैं तो बादाम खाएं! बादाम विटामिन ई और एंटीऑक्सिडेंट का एक बड़ा स्रोत है, जो फ्री रेडिकल्स से लड़ते हैं और सूजन को कम करते हैं, जिससे आपकी त्वचा स्वस्थ और युवा रहती है। डर्मेटाइटिस की समस्या वाले लोगों को रोजाना बादाम खाना चाहिए। बादाम में एंटीऑक्सिडेंट यूवी किरणों, प्रदूषण और त्वचा पर खराब आहार से उत्पन्न क्षति से लड़ते हैं। बादाम उम्र बढ़ने, कुपोषित त्वचा के खिलाफ लड़ते हैं और त्वचा के कैंसर को रोकते हैं।

2. बादाम से मस्तिष्क स्वस्थ रहता है

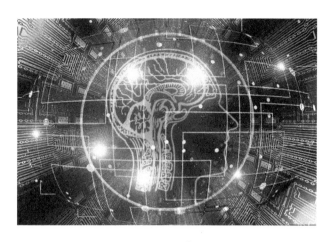

बादाम राइबोफ्लेविन और एल-कार्निटाइन में समृद्ध हैं। ये दो पदार्थ संज्ञानात्मक गिरावट को रोकते हैं और मस्तिष्क में इंफ्लामेशन को कम करते हुए स्वस्थ न्यूरोलॉजिकल गतिविधि का समर्थन करते हैं। हर दिन बादाम खाने से डिमेंशिया और अल्जाइमर जैसी संज्ञानात्मक बीमारियों को रोका जा सकता है।

3. बादाम बालों के स्वास्थ्य में सुधार करते हैं

बादाम में अत्यधिक मात्रा में बायोटिन होता है। एक मुट्ठी बादाम में आपके दैनिक आवश्यकता से 50 प्रतिशत से अधिक बायोटिन होता है। बायोटिन (विटामिन एच के रूप में भी जाना जाता है) कई शारीरिक प्रक्रियाओं में मदद करता है, लेकिन स्वस्थ बालों के निर्माण में इसकी सबसे प्रमुख भूमिका है। बायोटिन में कमी से अस्वास्थ्यकर स्कैल्प, रूखे और बेजान बाल हो सकते हैं। चूंकि बादाम का सिर्फ एक ही सर्विंग आपके दैनिक आवश्यकता से आधे से अधिक है, ये बालों को मजबूत, स्वस्थ और सुंदर रखने के लिए एक शानदार भोजन है।

4. बादाम दिल को हेल्दी रखता है और हार्ट अटैक को रोकता है

बादाम में मोनोअनसैचुरेटेड और पॉलीअनसेचुरेटेड वसा के उच्च स्तर होते हैं जो अच्छे वसा के रूप में भी जाने जाते हैं। इनका कोलेस्ट्रॉल पर एक महत्वपूर्ण सकारात्मक प्रभाव होता है। एक बेहतर कोलेस्ट्रॉल प्रोफ़ाइल ब्लॉकेज के जोखिम को बहुत कम कर देता है। ब्लॉकेज दिल के दौरे और स्ट्रोक के पीछे का सबसे बड़ा कारण है। अधिक बादाम खाना मतलब दिल को स्वस्थ रखना।

5. वजन घटाने के लिए बादाम खाएं

बादाम बहुत सारे फाइबर और प्रोटीन से भरे होते हैं जो पचने में अधिक समय लेते हैं, जिसके परिणामस्वरूप आपका पेट ज्यादा समय तक भरा रहता है और आपको कम क्रेविंग होती है। प्रोटीन मांसपेशियों के विकास में मदद करता है। बादाम एक लो-कार्ब स्नैक हैं और जो लोग लो कार्ब आहार पर हैं, उनके लिए यह एक अच्छा स्नैक है।

6. बादाम रक्तचाप को सामान्य बनाए रखता है

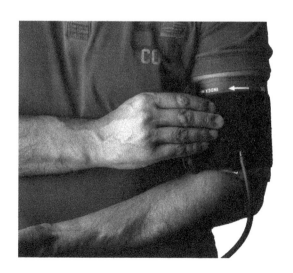

बादाम मैग्नीशियम की कमी को रोकता है। मैग्नीशियम में कमी उच्च रक्तचाप से जुड़ी हुई है। यदि आप अपने आहार से मैग्नीशियम पूर्ति नहीं कर पा रहे हैं तो बादाम को अपने आहार में शामिल करके मैग्नीशियम की पूर्ति कर सकते हैं। बादाम में मैग्नीशियम रक्तचाप के स्तर को कम करने में मदद करता है। उच्च रक्तचाप दिल के दौरे, स्ट्रोक और गुर्दे की विफलता के प्रमुख कारणों में से एक है।

7. बादाम पाचन और मेटाबोलिज्म बढ़ाता है

बादाम पाचन के लिए अच्छा होता है। बादाम फायदेमंद आंत बैक्टीरिया के स्तर को बढ़ाकर पाचन स्वास्थ्य को बेहतर बनाने में मदद करता है। विटामिन ई और अन्य खनिजों में उच्च होने के साथ, बादाम को अब आंत में अच्छे बैक्टीरिया को बढ़ाने के लिए भी माना जाता है। बादाम के दूध में फाइबर होता हैं। फाइबर अपने पाचन-बढ़ाने वाले लाभों के लिए जाना जाता है, इस प्रकार, बादाम का दूध काफी हद तक अपच की समस्या को कम करता है। स्वस्थ पाचन शरीर से अवांछित और अस्वास्थ्यकर विषाक्त पदार्थों को बाहर निकालने में मदद करता है और यह मेटाबोलिज्म दर को भी बढ़ाता है।

8. बादाम कैंसर को रोकता है

बादाम विटामिन ई, फाइटोकेमिकल्स और फ्लेवोनोइड्स का एक उत्कृष्ट भंडार है, जो स्तन कैंसर कोशिकाओं के विकास को नियंत्रित करते हैं। बादाम में फाइबर शरीर को डिटॉक्स करने में मदद करता है। यह भोजन को पाचन तंत्र के माध्यम से अधिक

कुशलता से स्थानांतरित करने में सक्षम बनाता है। यह प्रक्रिया पाचन तंत्र को साफ करती है जिससे पेट के कैंसर का खतरा कम होता है।

9. बादाम हड्डियों और दांतों को मजबूत बनाता है

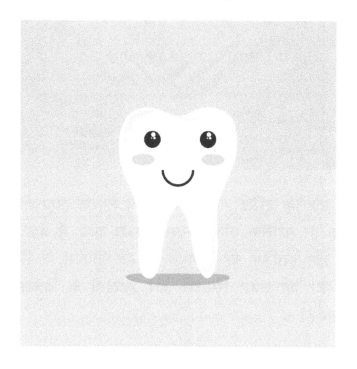

बादाम में कैल्शियम की रेकमेंड दैनिक खुराक के लगभग 200 मिलीग्राम होते हैं। वे अन्य पोषक तत्वों जैसे फाइबर, मैंगनीज, फास्फोरस, विटामिन ई से भी भरा है, जो ऑस्टियोपोरोसिस को रोकते हैं और दांतों को मजबूत करते हैं। बादाम बोन मिनरल के घनत्व में सुधार करता है और स्केलेटल सिस्टम को मजबूत बनाता है।

10. बादाम बर्थ डिफेक्ट्स को रोकता है

बादाम में फोलिक एसिड गर्भ में शिशु की न्यूरल ट्यूब डिफेक्ट से रक्षा करता है। फोलिक एसिड स्वस्थ सेल्स ग्रोथ में बड़ा योगदान करता है, और इसलिए, यह भ्रूण के स्वस्थ विकास के लिए बहुत महत्वपूर्ण है। यह नर्वस सिस्टम और हड्डियों के विकास में भी मदद करता है।

निष्कर्ष

आपको हमेशा भीगे हुए बादाम खाने चाहिए क्योंकि बादाम भिगोने से इसमें मौजूद एंजाइम इन्हिबिटर्स बेअसर हो जाते है, जिससे पाचन में सुधर होता है। बादाम को भिगोने से बादाम की बाहरी परत में फाइटिक एसिड को कम करने में मदद मिलती है। बादाम की बाहरी परत कैल्शियम अब्सॉर्प्शन को कम करती है और मैग्नीशियम, लोहा, तांबा और ज़िंक की मात्रा को भी प्रभावित करती है। भीगे हुए बादाम में विटामिन बी अधिक होता है जो ग्लूटन के

टूटने में मदद करता है। इससे कॉलन में विषाक्त पदार्थ बेअसर होते है और शरीर में अधिक प्रोटीन अब्सॉर्प्शन के लिए उपलब्ध होता है। यह भी ध्यान में रखा जाना चाहिए कि बादाम में कैलोरी होती है, इसलिए इसे नियंत्रित मात्रा में सेवन करे। बादाम का अधिक सेवन हृदय के साथ-साथ आपके वजन के लिए भी बुरा हो सकता है।

2

10 वजह क्यों आपको शराब पीना छोड़ देना चाहिए

10 वजह क्यों आपको शराब पीना छोड़ देना चाहिए

कई लोगों के लिए, शराब का सेवन जीवन का एक हिस्सा बन गया है। शराब मूल रूप से एक रसायन है जो शरीर को नुकसान पहुँचा सकती है, जिसके परिणामस्वरूप मृत्यु भी हो सकती है। फिर भी शराब पीने को कई हिस्सों में सामाजिक रूप से स्वीकार्य माना जाता है क्योंकि यह लीगल है। कई लोग शराब को एक तनाव निवारक मानते हैं, जिसके सहारे वो दिनभर की चिंताओं और

तनाव को भूल जाना चाहते हैं। एक अध्ययन के अनुसार, यह साबित होता है कि किसी भी मात्रा में शराब का सेवन स्वास्थ्य के लिए बुरा है। यदि आप अभी भी आश्वस्त नहीं हैं, तो ध्यान से पढ़ें नीचे दिए सबसे महत्वपूर्ण वजह जीनके कारण आपको जितनी जल्दी हो सके शराब छोड़ना चाहिए।

नीचे शीर्ष 10 कारण हैं कि क्यों आपको शराब पीना छोड़ देना चाहिए:

1. अवसाद को बढ़ावा देता है

क्या आप इस बात से चिंतित हैं कि आप हर समय, हर छोटे मुद्दे के लिए उदास क्यों महसूस करते हैं? शराब सीधे सेंट्रल नर्वस सिस्टम को सप्रेस करता है जो मूड की स्थिरता को भंग करता है और अवसाद को बढ़ावा देता है।

2. मस्तिष्क विकार

शराब मेमोरी की प्रक्रिया में हस्तक्षेप करता है और नए सीखने की क्षमता को प्रभावित करता है, मात्र एक या दो शॉट्स ही धुंधली दृष्टि, धीमी प्रतिक्रिया टाइम, बिगड़ी स्मृति और संतुलन की हानि का कारण बन सकते हैं। जब व्यक्ति शराब पीना बंद कर देता है तो ऐसे शार्ट टर्म प्रभाव गायब हो जाते हैं, लेकिन लंबे समय तक शराब के सेवन से मस्तिष्क संबंधी विकार हो सकते हैं, जो गंभीर रूप से नुक्सान पहुँचाने वाले होते हैं।

3. कैंसर

अल्कोहल पेय पदार्थों को इंटरनेशनल एजेंसी फॉर रिसर्च ऑन कैंसर (IARC) द्वारा समूह 1 कार्सिनोजेन (मनुष्यों के लिए कार्सिनोजेनिक) के रूप में क्लासिफ़ाइ किया गया है। लंबे समय तक शराब पीने से कुछ प्रकार के कैंसर का अधिक खतरा होता है, जिसमें लिवर, मुंह, गले, स्वरयंत्र (आवाज बॉक्स), अन्नप्रणाली और स्तन के कैंसर शामिल हैं। जो शराब पिने के साथ साथ धूम्रपान भी करते हैं, उन्हें कैंसर होने का खतरा अधिक होता है। सभी कैंसर के मामलों में 3.6% और दुनिया भर में 3.5% कैंसर से होने वाली मौतों के कारण अल्कोहल का सेवन (जिसे इथेनॉल के रूप में भी औपचारिक रूप से जाना जाता है) है।

4. वेट गेन

शराब से चार तरह से वजन बढ़ सकता है: यह आपके शरीर को वसा जलाने से रोकता है, यह कैलोरीज़ में उच्च है, यह आपको ज्यादा भूख का अहसास कराता है, और यह जंक फूड्स के लिए क्रेविंग को बढ़ाता है।.

5. चोट

सेंटर्स ऑफ़ डिजीज कण्ट्रोल एंड प्रिवेंशन (CDC) के अनुसार, शराब पीने से आपकी प्रतिक्रिया टाइम धीमी हो जाती है और निर्णय और सामंजस्य बिगड़ जाता है। शराब के प्रभाव वाले व्यक्तियों में दुर्घटनाओं की संभावना अधिक होती है।

6. जन्म दोष

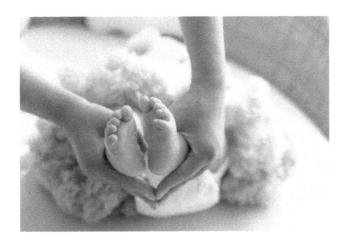

गर्भवती महिलाओं को शराब बिल्कुल नहीं पीना चाहिए। भ्रूण को शराब के संपर्क में लाने से मस्तिष्क, हृदय और अन्य अंगों के जन्म दोष हो सकते हैं। अगर एक महिला गर्भवती होने पर शराब पीती है तो उसे फीटल अल्कोहल सिंड्रोम वाले बच्चे को जन्म देने का जोखिम होता है। फीटल अल्कोहल सिंड्रोम (एफएएस) एक ऐसी स्थिति है जो विकासशील भ्रूण को प्रभावित करती है। फीटल अल्कोहल सिंड्रोम से पीड़ित बच्चों में अक्सर चेहरे की असामान्य विशेषताएं, अविकसित विकास, मस्तिष्क क्षति, अंग दोष, ध्यान देने में समस्या और खराब कॉर्डिनेशन होते हैं। फीटल अल्कोहल सिंड्रोम का कोई इलाज नहीं है; एक बार बच्चे को नुकसान हो जाने के बाद, उसे जीवन के लिए नुकसान उठाना पड़ता है।

7. लिवर सिरोसिस

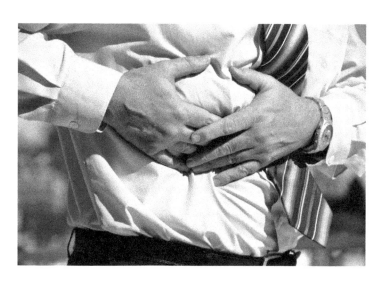

शराब से स्थायी रूप से अंग की क्षति हो सकती है। लिवर सिरोसिस घातक होता है क्योंकि क्षतिग्रस्त लिवर शरीर के सामान्य कार्यगति को बनाए रखने में असमर्थ होता है। सिरोसिस लिवर की खाने को ऊर्जा में परिवर्तित करने और शरीर से विषाक्त पदार्थों को हटाने की क्षमता को

प्रभावित करता है। सिरोसिस से ग्रस्त लोगों के लिवर में टिस्सुस टूटे होते हैं जो लिवर के माध्यम से रक्त के प्रवाह को कम करता है।

8. गंभीर क्रोनिक बीमारियां

सेंटर्स ऑफ़ डिजीज कण्ट्रोल एंड प्रिवेंशन (CDC) के अनुसार, लम्बे समय तक शराब पीने से उच्च रक्तचाप, लिवर सिरोसिस (लिवर कोशिकाओं को नुकसान), और अग्नाशयशोथ (पैनक्रिआस का इन्फ्लेमेशन) हो सकता है।

9. ड्रग इंटरेक्शन

शराब प्रेसक्राइब्ड दवा जैसे एंटी डेप्रेस्सेंट और एंटी एंग्जायटी दवाओं के चिकित्सीय प्रभावों में हस्तक्षेप करता है। यह अन्य दवाओं के साथ संयोजन में खतरनाक हो सकता है। शराब से होने वाले सिरदर्द के लिए कभी भी एस्पिरिन न लें, इससे आंतरिक गैस्ट्रिक रक्तस्राव हो सकता है, जो जानलेवा होता है।

10. असामान्य नींद पैटर्न

शराब से सामान्य नींद पैटर्न बिगड़ती है, जो ऊर्जा, मनोदशा, चिंता के स्तर को प्रभावित करती है और आप पूरे दिन थका हुआ महसूस करते हैं।

निष्कर्ष

यह एक गलत धारणा है कि आप केवल मादक पेय के साथ अपने जीवन का आनंद ले सकते हैं। मानव में यह प्रवृत्ति होती है कि वह जो देखता है उसे ही फॉलो करता है। यह पूरी तरह से हमारी गलती नहीं है, क्यों कि हम अक्सर फिल्मों और धारावाहिकों में शराब को जीवन के मज़ेदार कारक के रूप में देखते हैं। वे सबसे खतरनाक पदार्थ अल्कोहल को एक स्टेटस सिंबल के रूप में चित्रित करते हैं लेकिन हमे यह कभी नहीं भूलना चाहिए कि फिल्में और धारावाहिक मात्र कल्पना की कला है और वास्तविक जीवन से इसका कोई लेना-देना नहीं है। मैं खुद एक वैज्ञानिक हूं, मैंने शराब के साथ काम किया है, और मेरे लिए, शराब सिर्फ एक रासायनिक पदार्थ है जिसका हम किसी विशेष बीमारी के इलाज के लिए टैबलेट और कैप्सूल तैयार करने में बहुत ही कम मात्रा में उपयोग करते हैं। हम बहुत थोड़ी मात्रा में शराब का उपयोग करते हैं क्यों कि हम जानते हैं कि शराब हमारे शरीर के लिए कितनी खतरनाक है। आप सिर्फ एक बार जीते हैं और यह जीवन रोग मुक्त, हताशा-मुक्त, अवसाद-मुक्त से जीना बेहतर है। यह आपका मौलिक अधिकार है, शराब को अपने मूल जीवन अधिकारों को चोरी न करने दें।

3

अपने आहार में कद्दू को शामिल करने के 10 स्मार्ट तरीके

अपने आहार में कद्दू को शामिल करने के 10 स्मार्ट तरीके

बचपन में मेरी मॉम मुझे कद्दू की सबजी खिलाने के लिए मेरे पीछे पीछे भागती थीं, और मुझे लम्बी चोड़ी कद्दू के फायदों की लिस्ट बताती

थी, पर मुझे कद्दू बिलकुल नहीं पसंद था। हाँ, हम सभी ये एक्सपीरियंस कर चुके हैं। काश किसी ने मेरी मॉम को आहार में कद्दू को शामिल करने के वो स्मार्ट तरीके बताए होते, जो आज मैं आपको बता रहीं हूँ।

अधिक विस्तार में जानने से पहले, आइए पहले देखें कि कद्दू स्वास्थय के लिए इतना महत्वपूर्ण क्यों है, खासकर यदि आप एक छात्र हैं।

कद्दू के फायदे:

- कद्दू विटामिन और खनिजों में उच्च है और कैलोरी में कम है क्योंकि इसमें 94% पानी होता है जो कद्दू को वजन घटाने के लिए अनुकूल भोजन बनाता है।
- यह बीटा-कैरोटीन का एक बड़ा स्रोत है, जो शरीर में विटामिन ए में परिवर्तित होता है। विटामिन ए आंखों की रोशनी के लिए आवश्यक है और प्रकाश को अवशोषित करने और संसाधित करने में रेटिना की मदद करता है, यह गुण कद्दू को छात्रों के लिए आवश्यक बनाता है। कद्दू के एक कप में विटामिन ए की दैनिक सेवन की 200 प्रतिशत से अधिक मात्रा होती है, जिससे यह आँखों के स्वास्थ्य के लिए एक उत्कृष्ट विकल्प है।
- अनुसंधान से पता चलता है कि बीटा-कैरोटीन से भरपूर आहार और प्रोस्टेट कैंसर के कम जोखिम के बीच सकारात्मक संबंध है।
- कद्दू में एंटीऑक्सिडेंट आंखों की क्षति को रोकने में मदद करते हैं।
- कद्दू का तेल विभिन्न बैक्टीरियल और फंगल संक्रमणों से लड़ने में मदद करता है। इसके अलावा, कद्दू विटामिन सी की दैनिक रेकमेंडेड मात्रा के लगभग 20 प्रतिशत के साथ पैक है, जो आपको सर्दी से तेजी से रिकवर करने में मदद कर सकता है।

अब हम जानते हैं कि कद्दू हमारे स्वास्थ्य के लिए कितना महत्वपूर्ण है। नीचे अपने आहार में कद्दू को शामिल करने के 10 स्मार्ट तरीके दिए गए हैं:

अपने आहार में कद्दू को शामिल करने के 10 स्मार्ट तरीके:

1. पम्पकिन ओट्स केक

जब आप अपने मन को मीठे से दूर नहीं कर पा रहे हो तो पम्पकिन ओट्स केक खाएँ! जायफल और शहद के साथ, इस केक के 2-3 स्लाइस पूरे दिन के आवश्यक विटामिन ए प्रदान करने के लिए पर्याप्त हैं।

2. कद्दू का हलवा

गाजर के हलवे को कुछ समय के लिए ब्रेक दें और इस बार कद्दू का हलवा आज़माएँ। इसमें भुने हुए नारियल के लच्छे और कुरकुरे बादाम मिलाएं और इसका आनंद लें।

3. भुना हुआ कद्दू

डिनर टेबल पर सभी के लिए एक विजेता - कद्दू के टुकड़ों को बेक करें और इसे पिरी-पिरी मसाले के के साथ खाएँ।

4. कद्दू नारियल कुकीज़

अपने नियमित नारियल कुकीज़ को अपग्रेड करें, नारियल के साथ थोड़ा कद्दू डाले और स्वस्थ कुकीज़ का आनंद लें।

5. पम्पकिन मसाला थेपला

यह मेरा पसंदीदा है। अपने नियमित मसाला थेपले में थोड़ा कद्दूकस किया हुआ कद्दू डाले और इस नाश्ते का आनंद लें।

6. व्होले ग्रेन पम्पकिन पेनकेक्स

सर्दियों के लिए बिल्कुल सही, इस हार्दिक नाश्ते की रेसिपी में साबुत गेहूं का आटा, बहुत सारे मसाले, कद्दू और दूध शामिल हैं।

7. कद्दू टिक्की

अपने अन्य कसे हुए सब्जियों के साथ थोड़ा कद्दूकस कद्दू लें, और आलू मिलाएं, इसे ब्रेड क्रम्ब्स में रोल करें, शैलो फ्राई करें और टमाटर सॉस के साथ आनंद लें।

8. पम्पकिन सॉस में पास्ता

क्रीमी पास्ता अक्सर वसा और कोलेस्ट्रॉल से भरे होते हैं। अपने रात के खाने को एक विशाल कैलोरी बम बनाने के बजाय, हैवी क्रीम के बजाय पम्पकिन क्रीम सॉस और ग्रीक दही का प्रयोग करें और अपने पास्ता को स्वादिष्ट और स्वस्थ बनाएं।

9. पम्पकिन आलमंड मफिन

अपने दिन की शुरुआत पम्पकिन आलमंड मफिन से करें। ये माउथ-वाटरिंग मफिन एक संपूर्ण ऑन-द-गो स्नैक बनाते हैं और दोपहर के भोजन का समय होने तक आपकी भूख को शांत रखते हैं।

10. पम्पकिन वफ़ल

एक बाउल में आटा, चीनी, बेकिंग सोडा, बेकिंग पाउडर और नमक मिलाएं, और अच्छी तरह से हिलाएं। गीली सामग्री ऐड करें: कद्दू, छाछ, मक्खन, और वेनिला, और मिश्रण को अच्छे से फेंटे। वफ़ल आयरन को प्री हीट करें। वफ़ल आयरन को थोड़े पिघले मक्खन के साथ ब्रश करें और वफ़ल को पकाएँ। अपनी पसंद के टॉपिंग के साथ खाएं।

मेरे विचार

अगर आपको मेरी ही तरह कद्दू पसंद नहीं हैं, लेकिन फिर भी इसके स्वास्थ्य लाभों के कारण इसे खाना चाहते हैं, तो आहार में कद्दू को स्मार्ट रूप से शामिल करने के ये मेरे तरीके थे, जिससे ये हेल्थी होने के साथ ही स्वादिष्ट भी हों। यदि आप पहले से ही कद्दू प्रेमी हैं, तो आपको अपनी सूची में शामिल करने के लिए कुछ और दिलचस्प व्यंजन मिल गए।

4

रोकथाम वास्तव में इलाज से बेहतर है

रोकथाम वास्तव में इलाज से बेहतर है

हम सभी जानते हैं कि रोकथाम इलाज से बेहतर है लेकिन हम में से कितने इसे अपने जीवन में लागू करते हैं? प्रतिशत बहुत कम है। आम तौर पर, जब हम किसी के स्वास्थ्य में उसकी बुरी आदतों का परिणाम

देखते हैं, तो हम यह मानते हैं कि यह केवल दूसरों के साथ ही हो सकता है। यह हमारी प्रवृत्ति है, हम सोचते हैं कि बुरा परिणाम केवल दूसरों के लिए होता है; कहीं न कहीं हमें लगता है कि हम अलग हैं; यह निश्चित रूप से मेरे साथ तो नहीं होने वाला। लेकिन यह तथ्य है कि आप आज अपने स्वास्थ्य के प्रति जितना भी गैर-जिम्मेदाराना व्यवहार करते हैं; उसका परिणाम आज नहीं तो कल आपको ही भोगना है, इस तथ्य से कोई बच नहीं सकता।

यह सुनने में कठोर लगता है, लेकिन यही सच है। सरल नियम यही है कि आप जो अपने शरीर को देंगे, आपका शरीर आपको वापस वही देगा। इसलिए यदि आप अपने शरीर को जंक, स्वास्थ्य बिगाड़ने वाले तत्व दे रहे हैं, तो इसके बदले में आप स्वस्थ जीवन की उम्मीद न करें। कभी-कभी हमारा शरीर कबाड़ और बुरी आदतों के लिए तुरंत अलार्म नहीं देता है, और सब कुछ सामान्य लगता है, लेकिन समय के साथ, यह एकत्र होता जाता है और फिर यह आपको जानलेवा वाली बीमारियाँ देता है। हमारे शरीर को अच्छी देखभाल, अच्छे भोजन, अच्छी जीवनशैली की आवश्यकता होती है और जब उसे यह नहीं मिलता है, तो शरीर का कार्य प्रभावित होता है, और समय के साथ अपनी कार्यक्षमता खो देता है।

मैंने कई बार लोगों को अपनी स्वास्थ्य समस्याओं के बारे में ऐसे बात करते हुए सुना है जैसे भगवान ने उन्हें यह समस्या दे दी है, वे समस्या के लिए खुद को कभी दोषी नहीं मानते हैं। वे यह भी नहीं सोचते हैं या विश्लेषण भी नहीं करते हैं कि उन्होंने क्या गलत किया जिससे उन्हें यह विशेष रूप से नुकसान हुआ। रोकथाम इलाज से बेहतर है। आपको विश्लेषण करना चाहिए कि आपको यह समस्या क्यों हुई, समस्या की जड़ क्या हैं, कहीं यह आपकी गलत खान-पान की आदत या आपकी खराब जीवनशैली का परिणाम तो नहीं?

आम तौर पर हम सुनते हैं कि तनाव स्वास्थ्य समस्याओं का कारण बनता है। अगर मैं आपसे उल्टा सोचने के लिए कहुँ तो? क्या होगा अगर मैं आपको बोलो कि अगर आपको स्वास्थ्य समस्या होगी तो यह आपको तनाव देगा और अगर आप स्वस्थ ही महसूस नहीं करेंगे तो फिर आप अपने जीवन के अन्य महत्वपूर्ण पहलुओं पर ध्यान कैसे देंगे? क्या आप

अपने स्वास्थ्य के कारण अपने जीवन के प्रमुख अवसरों को खो नहीं देंगे?

इस नजरिये से देखे शायद आपको मदद मिले, भगवान ने आपको यह शरीर उपहार में दिया है, तो आप अपने शरीर के देखभालकर्ता हैं, बाकी सब कुछ आएंगे और चले जाएंगे, लेकिन आपका शरीर जीवन भर आपके साथ रहेगा।

यदि आप किसी चीज के लिए सबसे ज्यादा जिम्मेदार हैं, तो वह है आपका शरीर। अगर आप अपनी ज़िम्मेदारी पूरी नहीं करेंगे, तो और कौन करेगा?

निष्कर्ष

अंत में, मैं केवल इतना ही कह सकती हूँ कि आपका शरीर कूड़ेदान नहीं है, जहां आप कुछ भी फेंक सकते हैं, आपका शरीर एक मंदिर है, आपको इसकी पूजा करनी चाहिए और इसे कोई भी कबाड़ या स्वास्थ्य बिगाड़ने वाले तत्वों को देने से पहले दो बार सोचना चाहिए। क्योंकि अंततः आप अपने शरीर को जो देंगे, आपका शरीर आपको वापस वही देगा।

5

नारियल की बर्फी एक हेल्दी मिठाई

नारियल की बर्फी एक हेल्दी मिठाई

मुझे नारियल की बर्फी पसंद है क्योंकि इसमें नट्स होते हैं जो बहुत हेल्थी होते हैं। मैं कम मिठा पसंद करती हूँ लेकिन विशेष अवसरो पर मैं इसे खा लेती हूँ।

मैं किसी भी रेसिपी में स्वस्थ विकल्पों से अस्वास्थ्यकर इंग्रेडिएंट को रेप्लस कर देतीं हूँ। इसलिए नारियल की बर्फी में मैंने रिफाइंड व्हाइट शुगर को ब्राउन शुगर के साथ बदल दिया, अगर आप इसे गुड़ के साथ बनाते हैं तो यह और भी स्वास्थ्य के लिए फायदेमंद होगा। इसके अलावा मैंने सामान्य अनसाल्टेड मक्खन को घर पर बनें गाय के घी के साथ रेप्लस कर दिया। अगर आप स्वास्थ्य के प्रति सचेत तो हैं पर मीठे के शौक़ीन हैं तो नारियल की बर्फी सबसे अच्छा विकल्प है, जिसे आप बिना डरे बेझिझक खा सकते हैं।

नारियल की बर्फी का स्वास्थ्य लाभ:

नारियल बुरादा:

हम सभी जानते हैं कि नारियल में वसा होता है लेकिन यह वसा स्वस्थ वसा होता है जो शरीर के कार्य के लिए बहुत आवश्यक है। यह एलडीएल (खराब कोलेस्ट्रॉल) के स्तर को कम करके और अच्छे कोलेस्ट्रॉल या एचडीएल के स्तर को बढ़ा कर आपकी धमनियों को मजबूत करता है, और हृदय स्वास्थ्य को बढ़ावा देता है। इसके अलावा यह त्वचा के लिए बहुत अच्छा है, यह मस्तिष्क के बेहतर कामकाज में मदद करता है। इसमें आहार फाइबर, मैंगनीज, कॉपर और सेलेनियम सहित कई आवश्यक पोषक तत्व शामिल हैं।

गाय का घी (अनसाल्टेड क्लैरिफाइड मक्खन):

आयुर्वेद के अनुसार, गाय का घी स्वास्थ्य के लिए बहुत अच्छा है। गाय का घी आवश्यक पोषक तत्वों, फैटी एसिड, जीवाणुरोधी, एंटिफंगल, एंटीऑक्सिडेंट और एंटीवायरल गुणों से भरा है। यह वात और पित्त को सामान्य करता है और शरीर को पोषण देता है। इसे ब्रेन टॉनिक के रूप में जाना जाता है। स्मरण शक्ति और बुद्धि में सुधार के लिए घी बहुत

बढ़िया है और मानसिक स्वास्थ्य को मजबूत करने के लिए सर्वश्रेष्ठ है। यह थायराइड की शिथिलता को ठीक करने के लिए भी फायदेमंद है। इसका उपयोग घावों को भरने, फटे होंठों और मुंह के छालों को ठीक करने के लिए किया जाता है। यह अनिद्रा को ठीक करता है और जोड़ों के लिए सबसे अच्छा है। यदि आप वजन नहीं बढ़ाना चाहते हैं तो इसे कम मात्रा में लें।

गुड़

गुड़ इम्युनिटी को बढ़ाता है। गुड़ के सबसे प्रसिद्ध लाभों में से एक इसकी रक्त को शुद्ध करने की क्षमता है। गुड़ शरीर के लिए सबसे अच्छा प्राकृतिक सफाई एजेंटों में से एक है। यह एनीमिया को रोकता है। रक्तचाप को नियंत्रित करता है और श्वसन समस्याओं को रोकता है। गुड़ में काम्प्लेक्स कार्बोहाइड्रेट होता है जो शरीर को धीरे-धीरे और लंबे समय तक ऊर्जा देता है, और थकान और कमजोरी को रोकने में मदद करता है।

नारियल की बर्फी कैसे बनाएँ

नारियल के बुरादे को भून लें

1 बड़ा चम्मच गाय का घी गरम करें

गाय का दूध डालें

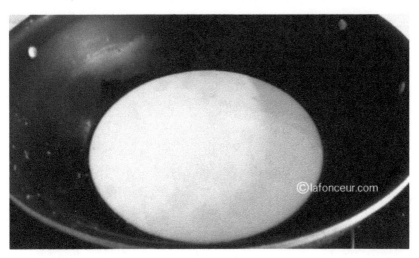

उबाल आने दें और जब तक आधा न रह जाए तब तक पकाए

ब्राउन शुगर या गुड़ डालें

भुना हुआ नारियल का बुरादा डाले

अच्छी तरह से मिलाएं

दूध में भिगोया हुआ केसर डालें

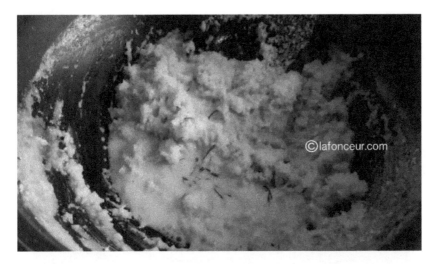

इसे बेकिंग डिश में डालें

कटे हुए बादाम छिड़कें और मनचाहे आकार में काट लें

2 घंटे के लिए रेफ्रिजरेट करें और आपकी नारियल की बर्फी खाने के लिए तैयार है।

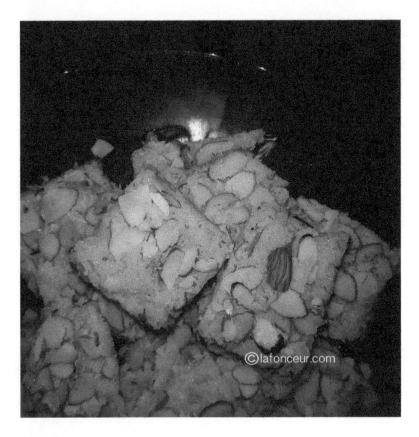

नारियल की बर्फी की सबसे अच्छी बात यह है कि आप अपने स्वास्थ्य की चिंता किए बिना इसका सेवन कर सकते हैं। अपनी मीठे की लालसा को संतुष्ट करने के लिए स्वयं ही बनाएँ।

अतिरिक्त 5 अध्याय पढ़े ईट सो व्हॉट! स्वस्थ रहने के स्मार्ट तरीके वॉल्यूम 1 में।

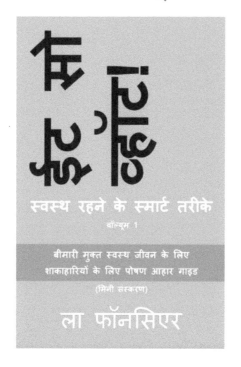

लेखिका के बारे में

ला फॉनसिएर एक हिप हॉप डांस आर्टिस्ट, एक स्वास्थ्य ब्लॉगर और पुस्तक श्रृंखला ***ईट सो व्हॉट*** और ***स्वस्थ बालों का राज़*** की लेखिका हैं। ला फॉनसिएर फार्मास्युटिकल टेक्नोलॉजी में विशेष फार्मेसी में परास्नातक है। उन्होंने फार्माटेकमेडिका जर्नल में "फार्मास्युटिकल उपयोग के जैव प्रौद्योगिकी-व्युत्पन्न उत्पादों के उत्पादन के तकनीक" पर एक समीक्षा लेख प्रकाशित किया है। वह एक पंजीकृत राज्य फार्मासिस्ट है। वह वर्ष 2011 की राष्ट्रीय स्तर की जीपीएटी क्वालीफायर हैं और उस वर्ष वह देश भर के शीर्ष 1400 में शामिल थी। एक रिसर्च साइंटिस्ट होने के नाते, उन्होंने दवाइयों के साथ बहुत करीब से काम किया है। अपने अनुभव के आधार पर, वह मानती हैं कि शाकाहारी भोजन कई बीमारियों का इलाज है और पोषण आहार और स्वस्थ जीवनशैली के साथ अधिकांश बीमारियों को रोका जा सकता है।

ला फॉनसिएर द्वारा नोट

इस पुस्तक को पढ़ने के लिए धन्यवाद। मुझे खुशी है किसी ऐसे से मिलकर जो मेरी ही तरह स्वास्थ्य-सचेत है। लैक्टो वेजिटेरियन होने के नाते, मैं हमेशा स्वस्थ शाकाहारी भोजन विकल्पों को अपने आहार में शामिल करने की तलाश करती हूँ। आप मेरी किताब, **ईट सो व्हॉट! द पॉवर ऑफ़ वेजटेरियनिस्म** में शाकाहारी खाद्य पदार्थों के बारे में सब कुछ जान सकते हैं। आप जानेंगे, मैक्रोन्यूट्रिएंट्स के महत्व, उनके स्रोत और कैसे पौधों पर आधारित शाकाहारी खाद्य पदार्थ एक रोग मुक्त स्वस्थ जीवन का समाधान है।

अगर आपने अपने बालों के लिए विभिन्न हेयर ट्रीटमेंट लेने से लेकर इंटरनेट पर ट्रेंडिंग हर हेयर मास्क लगाने तक की सभी कोशिशें की है और फिर भी सोच रहे हैं कि आपके बाल अभी भी स्वस्थ क्यों नहीं हैं? अगर आप अपने बालों की समस्याओं का स्थायी समाधान ढूंढ रहे हैं, तो **स्वस्थ बालों का राज़** पुस्तक आपके लिए है।

ये पुस्तकें पेपरबैक के साथ-साथ सभी प्रमुख ऑनलाइन बुक स्टोर में ईबुक संस्करण में भी उपलब्ध हैं।

मुझे आशा है कि आपको मेरी पुस्तक उपयोगी लगी होगी। यदि आप मेरी पुस्तक का रिव्यु करते हैं तो मैं वास्तव में इसकी सराहना करूंगी; यह मुझे और अधिक स्वास्थ्य पुस्तकें लिखने के लिए प्रोत्साहित करेगा।

ला फॉनसिएर

ला फॉनसिएर की अन्य पुस्तकें

ला फॉनसिएर से जुड़ें

Instagram: @la_fonceur | @eatsowhat

Facebook: LaFonceur | eatsowhat

Twitter: @la_fonceur

Amazon Author Page:

www.amazon.com/La-Fonceur/e/B07PM8SBSG/

Bookbub Author Page:

www.bookbub.com/authors/la-fonceur

———————————————————

Sign up to my website to get exclusive offers
on my books:

Blog: www.eatsowhat.com

Website: www.lafonceur.com/sign-up

Lightning Source UK Ltd.
Milton Keynes UK
UKHW020829220820
368553UK00002B/67